LES PIQUEURS

Opérateurs, Métreurs, Dessinateurs, Comptables, Régisseurs, etc.

employés dans les Services techniques de la Direction des Travaux de Paris

Nous avons fait ressortir, aux deux Assemblées générales de notre Société amicale, l'infériorité de la situation des piqueurs municipaux vis-à-vis de la situation faite aux commis-expéditionnaires de la Préfecture de la Seine. Nous avons montré, d'autre part, à l'aide de graphiques saisissants (1), que de tous les fonctionnaires dépendant de cette Administration, les piqueurs — de quelque façon qu'on les compare — sont incontestablement les agents les moins bien partagés, au double point de vue des traitements et des avancements, et qu'ils offrent, cependant, une garantie d'aptitudes et de connaissances supérieure à celle exigée de certaines catégories de fonctionnaires plus avantagés.

Il est assez naturel que nous tombions d'accord pour reconnaître que nous sommes réellement intéressants ; il sera sans doute plus difficile de faire comprendre, en dehors de nous, que notre situation est anormale et digne d'être examinée avec attention.

C'est pourquoi il nous paraît bon de revenir sur les preuves que nous avons produites à ce sujet et de propager cette vérité.

Nous n'apporterons dans notre exposé que des éléments précis.

---

(1) Voir le mémoire produit par la Société des Piqueurs, à l'appui de nos revendications.

Nous fournirons des détails qui ne pourront peut-être pas trouver place dans un rapport de Commission, mais l'exactitude de nos renseignements aidera puissamment, nous en sommes convaincus, au triomphe de notre cause. Et, pour qu'on ne nous prenne pas pour des jaloux ou des présomptueux, nous nous efforcerons de développer, sans acrimonie comme sans extravagance, les deux points suivants qui forment la base de notre argumentation :

1° Les piqueurs municipaux méritent d'être aussi bien considérés et traités que les agents de la Préfecture de la Seine qui ont subi un concours d'un degré inférieur à celui imposé aux piqueurs, ou qui n'en ont subi aucun;

2° Puisque l'élévation des traitements des conducteurs n'a pas été proportionnelle à celle obtenue par MM. les Ingénieurs, les traitements des piqueurs devraient suivre la même marche ascendante, c'est-à-dire se rapprocher du traitement maximum des conducteurs comme les traitements de ces derniers se rapprochent de ceux des Ingénieurs.

LEURS ATTRIBUTIONS ET LEURS TRAVAUX

Postes et emplois occupés par les piqueurs. — Importance et utilité de leurs travaux.

Tout d'abord il nous paraît nécessaire de rappeler quelles sont les attributions des piqueurs.

Les 760 piqueurs employés par la Ville de Paris se répartissent dans les postes et emplois détaillés dans le tableau ci-après (1) :

---

(1) Ces renseignements résultent des états dressés par les services techniques et de l'annuaire de 1903.

SOCIÉTÉ AMICALE DES PIQUEURS ET DES AIDES-GÉOMÈTRES
des Travaux de la Ville de Paris

LES PIQUEURS

NOTICE

À L'APPUI DU MÉMOIRE PRÉSENTÉ PAR LA SOCIÉTÉ DES PIQUEURS

OPÉRATEURS, MÉTREURS, DESSINATEURS, COMPTABLES RÉGISSEURS, etc.

employés dans les Services techniques de la Direction des Travaux de Paris

1904

MEMENTO

Leurs attributions et leurs travaux.
Comment on les considère.
Ce qu'ils coûtent.
De leurs avancements.
De leur titre.
De leurs desiderata.
Conclusion.

PARIS
IMPRIMERIE A. EYMÉOUD, 2, PLACE DU CAIRE
1904

	DÉSIGNATION DES POSTES OU EMPLOIS	NOMBRE DE PIQUEURS
Service sédentaire	Chef de bureau	1
	Fonctionnaires sous-chefs......	2
	Chefs de comptabilité	4
	Payeurs-régisseurs	11
	Chefs de projets.............	3
	Commis d'ordre et archivistes.	30
	Agents chargés des affaires de personnel...................	18
	Comptables.................	91
	Dessinateurs................	51
	Statistique et nivellement.....	12
	Laboratoire des essais	3
	Secrétariat, direction	31
	Teneurs de livres et de statistiques, etc...................	183
Service actif	Adjoints de circonscriptions. Service des travaux et de l'entretien...................	301
	Chefs des plantations d'alignement	2
	Agents comptables, chefs d'ateliers	14
	Total......	760

Bureaux de la direction. Services techniques de la voie publique, de l'éclairage, des eaux et de l'assainissement. Architecture. Promenades. Assainissement de la Seine. Métropolitain. Travaux sanitaires. Domaine. Cimetières. Carrières.

Il est facile de se convaincre, à l'aide de cette répartition, que les piqueurs ne sont pas précisément des « ronds-de-cuir » et l'on pourra se rendre compte comment leur activité doit s'exercer lorsque nous aurons fait valoir l'importance de leurs travaux.

Nous n'avons pas la prétention, cela va sans dire, de soutenir que l'entretien des voies de la capitale et que tous les travaux neufs qui s'y exécutent sont entièrement étudiés, dirigés, surveillés et réglés par les piqueurs ; mais nous pouvons dire, sans craindre d'être démentis, que dans toutes ces opérations, si nécessaires aux besoins de la population parisienne, les piqueurs taillent largement leur part sous la direction de 308 conducteurs ou sous les ordres directs de 36 ingénieurs et inspecteurs.

L'œuvre à laquelle ils coopèrent est considérable tant en ce que concerne l'embellissement, l'assainissement de la ville et la sécurité publique qu'au point de vue des études et des règlements de dépenses que ces travaux occasionnent.

Les *notes à l'appui du compte* (1), publiées chaque année à la clôture de l'exercice, donnent à ce sujet des renseignements précis ; elles nous apprennent que les services techniques procèdent en moyenne, tous les ans, en dehors des travaux d'entretien et de la construction du Métropolitain :

1° A la construction de 47.000 mètres de chaussées ;

2°   —   de 52.000   —   de trottoirs ;

3° A l'établissement de 26.600   —   de conduites d'eau ;

4° A la construction de 21.000   —   d'égouts ou de collecteurs.

Les attachements et règlements de comptes correspondent annuellement à une dépense totale de 66.750.000 fr. qui se répartissent comme suit :

1° Voie publique et éclairage.

Dépenses d'entretien du pavé.................	10.700.000 »	
Nettoiement. Entretien des trottoirs.........	14.000.000 »	
Travaux neufs (viabilité, etc.)..............	1.100.000 »	38 610.000 »
Eclairage. Installation, etc.................	12.500.000 »	
Plantations d'alignement....................	340.000 »	

2° Eaux et assainissement.

Eaux. Exploitation et entretien.............	8.800.800 »	
Travaux neufs de conduites d'eau..........	4.600.000 »	28.110.000 »
Assainissement. Entretien et amélioration...	8.000.000 »	
Travaux neufs. Construction d'égouts, etc..	6.710.000 »	
Total...................		66.750.000 »

On reconnaîtra que pour remplir convenablement les diverses fonctions que cette tâche leur impose, les piqueurs ne doivent pas se contenter des connaissances qu'ils ont montrées au concours d'admission et que leur intelligence doit être tenue constamment en éveil. Ils

---

(1) Les éléments ci-dessus ont été puisés dans les notes à l'appui du compte de l'année 1902 ; ils peuvent être considérés comme des moyennes dans l'espèce. (Voir pages 126, 136, 146, 162 et 179.)

ne peuvent donc être comparés à des copistes ou encore aux bureaucrates que les humoristes représentent somnolant avec béatitude sur leurs tables, en attendant la fin du mois et... le régisseur.

COMMENT ON LES CONSIDÈRE

Comparaison avec les expéditionnaires, les jardiniers principaux et les commis. — Recrutement. — Aptitudes. — Distinctions honorifiques.

A n'envisager que les degrés des examens et concours, les piqueurs devraient prendre place, logiquement, dans la hiérarchie, au-dessus des expéditionnaires et des commis; il ne peut y avoir à ce sujet aucune contestation. Dans le même ordre d'idées, ils devraient aussi prendre position avant les jardiniers principaux, car, parmi ces derniers, deux seulement ont subi le concours institué par l'arrêté préfectoral du 13 janvier 1900; les autres doivent leur situation à une notoriété basée sur des données très contestables et qui est loin d'expliquer, selon nous, quoi qu'il en soit, le régime de faveur dont ils bénéficient.

Mais les jardiniers en question eussent-ils encore subi les exigences du concours, que le degré des aptitudes et connaissances résultant du programme arrêté par la décision préfectorale précitée n'est pas suffisamment différent de celui du concours de piqueur pour justifier le rang qu'on accorde aux jardiniers principaux dans la hiérarchie du personnel des agents. Ceux-ci seraient classés plus logiquement dans la catégorie des ouvriers d'états, comme le sont, par exemple, les électriciens et les mécaniciens dont les aptitudes et l'habileté peuvent être comparées avec les leurs, sans désavantage.

L'effectif restreint des jardiniers principaux est évidemment favorable aux avancements peu coûteux que l'Administration préconise; ces agents en ont profité, nous n'en sommes pas jaloux. Toutefois, l'exposé le plus avantageux de leurs attributions spéciales, mais non extraordinaires, ne suffira pas à démontrer que la supériorité qu'on semble vouloir leur reconnaître sur les piqueurs n'est pas, en réalité, une conception fausse, issue de vieux errements qu'un arrêté récent tend à faire disparaître.

Cette remarque, *a priori*, paraît ne comporter qu'un intérêt d'estime ; nous verrons plus loin que son importance ne s'attache pas exclusivement à une puérile application du décret de messidor et qu'elle mérite de retenir notre attention.

Nous aurions mauvaise grâce à prétendre que les services rendus à la Ville de Paris, par les piqueurs, sont de beaucoup supérieurs à ceux que l'Administration obtient des expéditionnaires, des jardiniers principaux et des commis. Si, en principe, nos attributions et le programme auquel nous devons répondre nous autorisent à le croire, nous préférons laisser à nos chefs le soin de le dire.

La conclusion qu'on peut tirer de l'importance des programmes et la constatation de faits acquis justifieraient sans doute, au profit des piqueurs, une différence de distinction ; mais en n'envisageant pour nous, au point de vue moral, que la considération qu'on accorde aux jardiniers, nos prétentions ne paraîtront pas excessives.

Nous n'oublions pas d'ailleurs que si la modestie fut souvent l'apanage des dupes, elle sied toujours au mérite.

L'état d'infériorité où se trouvent les expéditionnaires vis-à-vis des piqueurs, à cause de leur programme, est, dira-t-on, plus apparent que réel si l'on considère que ces agents comptent parmi eux des bacheliers et des licenciés dans la proportion de 15 0/0, alors que la catégorie des piqueurs ne comprend de ces diplômés que dans la proportion de 7 0/0 (1).

Cet argument ne détruit pas notre thèse. Nous savons bien que les expéditionnaires ne sont ni des ignorants ni des incapables et nous ne chercherons pas à jeter un discrédit sur leur réputation (2), cependant nous persistons à dire que l'écart qui existe dans les proportions ci-dessus, en ce qui concerne les diplômés, ne compense pas entièrement la différence des programmes spéciaux auxquels nous avons eu

---

(1) D'après un dépouillement des annuaires de 1903, le nombre des diplômés est de 147 pour 924 expéditionnaires, et de 51 pour 760 piqueurs.

Les états que nous avons établis à ce sujet sont à la disposition des intéressés.

(2) A ce point de vue, nous partageons entièrement l'avis de Louis de Gramont, dans son étude de mœurs *La Joconde*, où il débute en déclarant que :

« C'est une grave erreur de croire qu'on ne travaille dans aucun bureau d'aucun ministère et que tous les employés des Administrations de l'Etat consacrent uniquement leurs journées à la lecture des quotidiens, au limage et au polissage de leurs ongles et à un échange d'aperçus plus ou moins piquants sur les actualités. Il y a là un préjugé répandu, entretenu par la malveillance et par l'envie, contre lequel on ne saurait trop énergiquement protester. Pour beaucoup de bureaucrates, leur emploi n'est pas une sinécure ; dans nombre de bureaux, on travaille réellement. »

à répondre. Au surplus, on a souvent pu constater l'échec de bacheliers aux concours des piqueurs.

Quant aux expéditionnaires et piqueurs que l'on recrute parmi les sous-officiers retraités et qui n'ont pas eu à subir de concours, ils prennent nombre dans le cadre des premiers dans la proportion de 20 0/0, alors que les piqueurs n'en comptent que 10 0/0 de leur effectif (1).

Cette préférence des sous-officiers pour la carrière des expéditionnaires s'explique par les avantages d'avancements dont il sera parlé plus loin et aussi par la simplicité des questions qu'on leur pose au régiment pour les admettre dans le cadre des expéditionnaires.

D'autre part, il ne faut pas oublier que tous les piqueurs actuellement en service ont subi un examen ou un concours, alors qu'un grand nombre d'expéditionnaires (*près du tiers de l'effectif*) n'ont réussi à se faire titulariser que grâce à l'adoption d'un examen réduit, dit « de liquidation ».

Cet examen eut lieu dans les circonstances suivantes :

Le service intérieur disposait, avant 1896, d'un très grand nombre d'employés auxiliaires admis, pour la plupart, dans l'Administration, à la suite de besoins dont nous n'avons pas à nous préoccuper. On comptait dans ce service (2) :

	AUXILIAIRES		TOTAUX
	PERMANENTS	TEMPORAIRES	
En 1890	170	318	488
En 1893	273	247	520
En 1894	276	284	560
En 1895	299	264	563

---

(1) D'après un dépouillement des annuaires de 1903, le nombre des sous-officiers est de :

204 sur 923 expéditionnaires,

et de 70 sur 755 piqueurs.

Les états que nous avons établis à ce sujet sont à la disposition des intéressés.

Il ne faut non plus oublier qu'un décret du 26 août 1900 place les emplois de piqueurs dans la deuxième catégorie des emplois civils réservés aux sous-officiers ; les postes d'expéditionnaires ne sont classés que dans la troisième catégorie. Ces différences s'expliquent si l'on considère les programmes imposés aux candidats.

(2) Renseignements relevés sur les annuaires du Personnel intérieur.

Afin de remédier à cet encombrement et de répondre aux réclamations incessantes des auxiliaires dont chaque année de service augmentait les droits, l'Administration se décida, en 1896, à leur faire subir l'*examen* d'expéditionnaire et à recevoir, à ce titre, tous ceux qui répondraient purement et simplement au programme ; le *concours* fut, pour eux, momentanément suspendu. Mais devant le peu de réussite de cette épreuve — un nombre considérable d'auxiliaires n'avaient pu obtenir le minimum de points obligatoire — l'Administration se contenta, pour ceux qui ne furent pas classés, d'un *examen réduit*, dit « *de liquidation* ».

Nous vous laissons à penser ce que furent ces épreuves. Elles purent être justement comparées à une réduction de celles qu'on exige de nos écoliers pour l'obtention du certificat d'études primaires.

Mais cet amoindrissement du programme d'examen appelait nécessairement un abaissement du traitement de début des expéditionnaires ; on le leur imposa.

Et, plus tard, lorsque les agents admissibles au grade de piqueurs se plaignirent d'attendre trop longtemps leur titularisation, on s'empressa de nous assimiler de ce côté, mais de ce côté seulement de notre cadre, au service intérieur en faisant débuter les piqueurs aux appointements de 1,800 francs, comme les expéditionnaires.

Ce qui expliquait l'abaissement du tarif des traitements chez les expéditionnaires ne devait cependant pas s'appliquer aux piqueurs dont le mode de recrutement par concours avait conservé les mêmes garanties vis-à-vis d'un programme qui, pour eux, n'avait subi aucune diminution.

Cette assimilation de traitements, *par le bas*, accordée aux piqueurs à l'occasion d'une mesure désavantageuse appliquée, avec raison, à la catégorie des expéditionnaires, alors qu'on nous refusait l'accès des traitements auxquels ces derniers peuvent prétendre dans la proportion de 10 p. 0/0 des vacances (4,000 à 10,000 fr.), n'était sûrement pas une œuvre équitable ; on peut plutôt la considérer comme une riposte ironique à nos revendications (1).

Pour terminer nos commentaires sur le peu de considération dont

---

(1) On ne manquera pas d'opposer à cette observation que ce sont les admissibles piqueurs qui ont demandé la création de la 5e classe pour être titularisés sans plus attendre. Nous persistons à penser que l'Administration tenait absolument à cette création afin de titulariser, à bon compte, les nombreux admissibles piqueurs qu'elle recevait chaque année, *dans des conditions normales et non par voie* de **liquidation.**

jouissent les piqueurs, nous ferons encore remarquer que la répartition des distinctions honorifiques obtenues par chaque catégorie
d'agents, place les piqueurs au dernier rang. Nous n'attachons certes
pas une trop grande portée à cette remarque, car le mérite et la valeur
d'un personnel ne peuvent se mesurer d'après ces distinctions parti-
culières ; néanmoins, si celles-ci peuvent être assimilées à des certifi-
cats de satisfaction, on en conclura que nous sommes encore tenus,
de ce côté, en bien médiocre estime. Qu'on en juge :

En dehors des médailles militaires, les catégories suivantes con-
tiennent, savoir (1) :

1º Jardiniers principaux.....   80 p. 0/0 de titulaires de distinctions
                                          honorifiques.

2º Expéditionnaires........   7 p. 0/0   —

3º Piqueurs ....   2 p. 0/0   —

Il semble qu'en fait de « palmes » les piqueurs sont plutôt voués,
soit dit sans exagération, à celles du martyre. Quant à la distinction
du « Mérite agricole », elle brille mieux, évidemment, sur les vestes
des jardiniers principaux que sur celles des piqueurs ; cependant il y
a lieu de retenir que 21 de nos camarades ont obtenu le diplôme d'ar-
boriculture après deux années d'études spéciales.

Qu'importe après tout le nombre et les qualités de ceux que l'on
décore aujourd'hui si l'on s'accorde à reconnaître le peu de signification qui se dégage de pareilles distinctions ; notre action veut, pour
s'exercer, un champ plus large. Nous voudrions, toutefois, être mieux
jugés que nous ne l'avons été jusqu'à ce jour et *placés dans la hiérarchie* là où nos titres et nos fonctions nous appellent.

Il faut qu'on reconnaisse, enfin, que les piqueurs ne sont pas de
vulgaires chefs d'équipes sans vergogne, comme on s'est plu à les faire
passer jadis (2). Tour à tour, *opérateurs, métreurs, dessinateurs,
comptables, régisseurs*, suivant les besoins du service, ils produi-
sent, aux yeux de tous, une somme de travail qui mérite d'être plus appré-
ciée. Ce ne sont ni des aigles ni des aiglons, mais simplement de modestes fonctionnaires qu'on a relégués trop longtemps dans l'indifférence.

---

(1) D'après les annuaires de 1903, les titulaires de distinctions diverses, à l'exclu-
sion des médailles militaires sont :

65 sur 924 expéditionnaires.
14 sur 755 piqueurs.
7 sur 9 jardiniers principaux.

(2) Voir lettre adressée à M. le Préfet de la Seine, le 16 février 1893, par M. le
D' Depassee et la transmission de cette lettre par M. le Directeur des travaux.

CE QU'ILS COUTENT

Prix de revient des traitements annuels des fonctionnaires de la Préfecture de la Seine.

Le tableau ci-dessous, établi d'après les annuaires de 1903, donne le prix de revient pour une unité de chacune des catégories de fonctionnaires employées par la Préfecture de la Seine :

DÉSIGNATION des Catégories	QUALITÉS des Fonctionn^{res}	NOMBRE de Fonctionn^{es}	MONTANT des Traitements	PRIX de REVIENT des Traitements annuels	OBSERVATIONS
			fr.	fr. fr.	fr. fr. fr.
SERVICE INTÉRIEUR — Rédacteurs...... { Chefs de Bureau...		92	790.000		899.000 — 109.000 = 790.000
Sous-Ch. de Bureau.		95	517.000	$\dfrac{2.316.900}{463}$ = **5069** environ	616.500 — 99.500 = 517.000
Principaux......		127	555.600		783.500 — 227.600 = 555.600
Ordinaires......		149	481.300		————— 436.100
		463	2.346.900		Correspondant aux traitements de 83 Expéditionnaires devenus Chefs, Sous-Chefs et Rédacteurs principaux.
Expéditionnaires.. { Chefs et Sous-Chefs de Bur. et Réd. pr.		(a) 83	436.100	$\dfrac{2.824.700}{1012}$ = **2782** environ	
Ordinaires......		929	2.388.600		(a) 13 Chefs
		1012	2.824.700		18 Sous-Chefs
Commis........	»	107	284.300	$\dfrac{284.300}{107}$ = **2657** environ	52 Rédact. princ. ———— 83
SERVICE EXTÉRIEUR — Conducteurs..... { Inspect. et S.-Insp.		17	129.600	$\dfrac{1.411.100}{315}$ = **4480** environ	
Princip. et Ordin.		298	1.281.500		
		315	1.411.100		
Piqueurs........	Sans qualité spéciale.	757	1.996.600	$\dfrac{1.996.600}{757}$ = **2637** environ	
Jardiniers princip..	»	9	32.000	$\dfrac{32.000}{9}$ = **3555** environ	
Commis.........	»	162	394.500	$\dfrac{394.500}{162}$ = **2435** environ	

Classement :

1º Rédacteurs . . . . 5.069 »
2º Conducteurs . . . . 4.480 »
3º Jardiniers . . . . 3.555 »
4º Expéditionnaires . . . . 2.783 »
5º Commis (Service intérieur) . . . . 2.657 »
6º Piqueurs . . . . 2.637 »
7º Commis (Service extérieur) . . . . 2.435 »

Il résulte des calculs ci-dessus que le piqueur est l'agent le *moins coûteux* après le commis des services techniques. Il occupe le *6*ᵉ rang, alors qu'il devrait être placé au *3*ᵉ, d'après ce que nous avons expliqué plus haut.

DE LEURS AVANCEMENTS

En général les piqueurs débutent très jeunes dans l'Administration ; ils adoptent, dès l'adolescence, la carrière administrative, et ils acquièrent ainsi, de bonne heure, les qualités et l'expérience qui leur sont indispensables pour exercer effectivement leurs fonctions. On ne peut pas en dire autant de tous les fonctionnaires de la Préfecture de la Seine, notamment des expéditionnaires et des commis.

Les résumés que nous avons établis, d'après les annuaires de 1903, indiquent l'âge des expéditionnaires et des piqueurs au moment de leur entrée dans l'Administration et l'âge actuel de ces agents dans chaque classe ; ils conduisent aux résultats suivants :

AGES DE DÉBUT DES EXPÉDITIONNAIRES ET DES PIQUEURS

D'APRÈS L'ANNUAIRE DE 1903 (Durées prises au 1er janvier 1903, à six mois près)

EXPÉDITIONNAIRES

AGES	Chefs de Bur.	Sous-Chefs	Principaux	Except.	1re	2e	3e	TOTAUX (A) Partiels	TOTAUX (A) Cumulés	0/0 sur l'effectif de 283	4e	5e	6e	7e	TOTAUX GÉNÉRAUX Partiels	TOTAUX GÉNÉRAUX Cumulés	0/0 sur l'effectif de 804
62	»	»	»	»	1	»	»	1	1	0.35	»	»	»	»	1	1	0.124
60	»	»	»	»	1	»	»	1	2	0.70	»	»	»	»	1	2	0.248
58	»	»	»	»	1	»	»	1	3	1.06	»	»	»	»	1	3	0.373
55	»	»	»	»	1	»	»	1	4	1.41	»	»	»	»	1	4	0.497
54	»	»	»	»	»	»	»	»	4	1.41	»	1	»	»	1	5	0.622
52	»	»	»	»	1	»	»	1	5	1.77	1	1	»	»	3	8	0.994
50	»	»	»	1	»	»	»	1	6	2.12	»	1	»	»	2	10	1.243
48	»	»	»	»	»	»	»	»	6	2.12	1	»	»	1	2	12	1.492
47	»	»	»	»	»	»	»	»	6	2.12	1	»	1	»	2	14	1.740
46	»	»	»	»	1	1	»	2	8	2.83	»	»	»	»	2	16	1.989
45	»	»	1	»	1	»	»	2	10	3.53	3	»	»	»	5	21	2.610
44	»	»	»	»	3	»	»	3	13	4.59	4	1	»	»	8	29	3.605
43	»	»	»	»	»	»	1	1	14	4.95	1	1	»	»	3	32	3.978
42	»	1	»	»	»	»	»	1	15	5.30	»	1	»	»	2	34	4.226
41	»	»	»	»	1	»	»	1	16	5.65	6	»	»	1	8	42	5.221
40	»	»	1	»	1	»	»	2	18	6.36	8	2	»	»	12	54	6.712
39	»	»	»	2	2	»	»	4	22	7.77	12	»	2	»	18	72	8.950
38	»	»	»	3	2	1	3	9	31	10.95	11	6	2	»	28	100	12.430
37	2	»	1	»	4	»	1	8	39	13.78	9	»	»	»	17	117	14.54
36	»	»	1	3	6	1	2	13	52	18.37	8	2	»	1	24	141	17.53
35	1	»	2	1	4	»	»	8	60	21.20	10	1	1	1	21	162	20.14
34	1	1	»	2	2	2	1	9	69	24.38	9	3	»	1	22	184	22.87
33	»	1	2	3	5	»	»	11	80	28.27	8	4	4	1	28	212	26.35
32	1	»	4	3	4	2	»	14	94	33.21	3	3	3	3	26	238	29.58
31	»	1	1	»	7	2	2	13	107	37.81	10	3	7	2	35	273	33.93
30	»	2	»	2	6	2	2	14	121	42.76	9	5	8	3	39	312	38.78
29	1	»	4	9	7	3	2	26	147	51.91	8	7	8	3	52	364	45.25
28	»	1	3	4	5	1	3	17	164	57.95	9	3	19	5	53	417	51.83
27	»	2	9	3	7	1	»	22	186	65.72	10	10	23	5	70	487	59.53
26	1	2	6	4	7	»	»	20	206	72.79	11	2	19	5	57	544	67.62
25	1	»	3	10	4	»	1	19	225	79.50	6	9	9	5	48	592	73.59
24	1	»	4	2	1	»	2	10	235	83.03	5	4	15	4	38	630	78.31
23	2	3	2	4	6	2	3	22	257	90.81	6	8	16	4	56	686	85.27
22	»	1	4	»	2	2	»	9	266	93.99	3	6	13	3	34	720	89.50
21	2	2	3	2	»	4	2	15	281	99.29	1	8	21	37	82	802	99.69
20	»	1	1	1	»	»	»	2	283	100. »	»	»	»	»	2	804	100. »
19	»	»	»	»	»	»	»	»	»	»	»	»	»	»	»	»	»
18	»	»	»	»	»	»	»	»	»	»	»	»	»	»	»	»	»
17	»	»	»	»	»	»	»	»	»	»	»	»	»	»	»	»	»
16	»	»	»	»	»	»	»	»	»	»	»	»	»	»	»	»	»
Totaux..	13	18	52	58	93	24	25	283(1)	»	»	173	92	171	85	»	804	» »
Sous-off. pens.	»	»	»	»	19	22	26		»	»	1	43	56	36	»	203	» »
Ensemble	13	18	52	58	112	46	51	350	»	»	174	135	227	121	»	1007	» »

PIQUEURS

AGES	Except.	1re	2e	3e	4e	5e	TOTAUX Partiels	TOTAUX Cumulés	0/0 sur l'effectif de 684
62	»	»	»	»	»	»	»	»	»
60	»	»	»	»	»	»	»	»	»
58	»	»	»	»	»	»	»	»	»
55	1	»	»	»	»	»	1	1	0.146
54	»	»	»	»	»	»	»	»	»
52	»	»	»	»	»	»	»	»	»
50	»	»	»	»	»	»	»	»	»
48	»	1	»	»	»	»	1	2	0.292
47	»	»	»	»	»	»	»	»	»
46	»	»	»	»	»	»	»	»	»
45	»	»	»	»	»	»	»	»	»
44	»	»	»	»	»	»	»	»	»
43	»	»	»	»	»	»	»	»	»
42	»	»	»	»	»	»	»	»	»
41	»	»	»	1	»	1	2	4	0.585
40	»	»	2	»	2	»	4	8	1.170
39	2	2	1	1	2	1	9	17	2.485
38	»	»	1	1	1	1	4	21	3.070
37	1	1	1	3	2	3	11	32	4.678
36	1	1	1	4	1	2	10	42	6.140
35	»	1	»	1	3	2	7	49	7.163
34	3	1	1	3	6	»	14	63	9.210
33	4	6	2	5	2	1	20	83	12.131
32	1	3	1	8	3	3	19	102	14.011
31	»	2	1	9	6	4	22	124	18.128
30	1	2	2	8	4	9	26	150	21.929
29	5	6	4	9	9	5	38	188	27.484
28	2	5	4	8	4	6	29	217	31.723
27	»	6	3	12	2	3	26	243	35.524
26	5	8	14	9	7	13	56	299	43.711
25	5	4	11	16	16	27	79	378	55.260
24	4	2	5	9	19	17	56	434	63.446
23	3	»	5	10	10	16	44	478	69.879
22	1	11	7	7	13	8	47	525	76.750
21	3	10	15	5	3	25	61	586	85.667
20	5	16	13	3	2	10	49	635	92.831
19	3	14	8	1	»	»	26	661	96.632
18	2	9	5	1	»	»	17	678	99.117
17	1	3	1	»	»	»	5	683	99.848
16	»	1	»	»	»	»	1	684	100. »
Totaux..	53	115	107	134	117	158	684	755	»
Sous-off. pens.	»	»	2	18	33	18	71		»
Ensemble	53	115	109	152	150	176	755	755	»

OBSERVATIONS : (A) Effectif des Expéditionnaires titularisés avant le 1er juillet 1896, c'est-à-dire avant l'adoption de l'examen de liquidation.

AGES DES EXPÉDITIONNAIRES ET DES PIQUEURS

Dans chaque Classe

D'APRÈS L'ANNUAIRE DE 1903 (Ages au 1er Janvier 1903, à six mois près).

AGES	CHEFS DE BUREAU	SOUS-CHEFS	PRINCIPAUX	CLASSES ORDINAIRES								TOTAUX	RÉPARTITION		
				Exceptionnelle	1re	2e	3e	4e	5e	6e	7e		Entrés après le retour du régiment ou n'ayant pas servi.	Titularisés avant leur départ sous les drapeaux.	Recrutés parmi les Sous-Officiers pensionnés.
EXPÉDITIONNAIRES															
Au dessus de 70 ans	»	»	»	»	2	»	»	»	»	»	»	2	2	»	»
De 66 à 70 ans	»	»	1	1	2	»	»	»	»	»	»	4	4	»	»
61 65	»	»	»	3	»	»	»	»	»	»	»	3	3	»	»
56 60	6	5	8	19	6	»	»	»	3	»	»	47	45	»	2
51 55	2	6	10	17	14	1	»	3	4	»	»	57	53	»	4
46 50	4	4	23	16	34	16	5	26	5	1	1	135	105	»	30
41 45	1	2	7	2	34	13	27	46	37	30	6	205	107	»	98
36 40	»	»	3	»	13	8	8	41	24	35	33	165	96	»	69
31 35	»	1	»	»	7	4	6	40	28	42	11	139	138	1	»
26 30	»	»	»	»	»	4	5	18	34	89	32	182	156	26	»
21 25	»	»	»	»	»	»	»	»	»	30	38	68	34	34	»
Totaux...	13	18	52	58	112	46	51	174	135	227	121	1007	743	61	203
													1007		
PIQUEURS															
De 66 à 70 ans	»	»	»	2	»	»	»	»	»	»	»	2	2	»	»
61 65	»	»	»	4	1	»	»	»	»	»	»	5	5	»	»
56 60	»	»	»	7	1	1	»	1	»	»	»	10	10	»	»
51 55	»	»	»	18	12	2	»	»	»	»	»	32	29	3	»
46 50	»	»	»	12	25	6	3	»	»	»	»	46	41	2	3
41 45	»	»	»	8	35	19	22	24	2	»	»	110	73	9	28
36 40	»	»	»	2	39	49	38	32	27	»	»	187	115	33	39
31 35	»	»	»	»	2	31	60	23	28	»	»	144	130	13	1
26 30	»	»	»	»	»	1	20	57	61	»	»	148	142	6	»
21 25	»	»	»	»	»	»	»	13	58	»	»	71	55	16	»
Totaux...	»	»	»	53	115	109	152	150	176	»	»	755	602	82	71
													755		

On en peut tirer la conclusion suivante : Lorsqu'on veut se rendre compte des avancements obtenus par le personnel, il n'y a pas lieu de considérer l'âge des agents dans chaque classe, *mais bien leurs années de service*. Les expéditionnaires qui ont obtenu des avancements extrêmement plus rapides que les piqueurs, ainsi que nous le démontrerons, sont cependant beaucoup plus âgés que ces derniers dans les classes correspondantes. On pourrait encore tirer de cette constatation l'opinion ci-après : Si la jeunesse des piqueurs pouvait être considérée comme un obstacle au rendement de services appréciables dès leur début, l'hésitation et les tâtonnements apportés par certains expéditionnaires dans le choix d'une carrière pourraient être aussi interprétés comme une preuve d'incapacité ; car, à moins qu'il ait essuyé des revers de fortune, un homme doit, à 30 ans, avoir opté définitivement pour une situation et savoir s'y maintenir. Or, les tableaux ci-dessus donnent :

1º *Agents ayant débuté à 21 ans et au-dessous :*

Expéditionnaires . . . . 82 sur 804, soit : 10 0/0

Piqueurs . . . . 159 sur 684, soit : 23 0/0

2º *Agents entrés dans l'Administration à 30 ans d'âge et au-dessus* (non compris les sous-officiers pensionnés) :

Expéditionnaires titularisés avant l'examen de liquidation . . 42 0/0

Expéditionnaires titularisés (ensemble) 38 0/0

Piqueurs 21 0/0

Abordons maintenant la question des traitements et mettons en ligne l'échelle des appointements attribués aux catégories d'agents avec lesquels les piqueurs peuvent être comparés :

EXPÉDITIONNAIRES		JARDINIERS PRINCIPAUX	PIQUEURS
1º Traitements alloués dans la proportion de 1/10 de l'effectif :	2º Appointements alloués aux Expéditionnaires ordinaires :		
(1re cl. 10000 fr.	Classe except^{lle} 3900 fr.	Classe except^{lle} 6000 fr.	Classe except^{lle} 3900 fr
Chefs { 2e — 9000	1re classe 3600	1re classe 5500	1re classe 3600
de bureau (3e — 8000	2e — 3300	2e — 5000	2e — 3100
(4e — 7000	3e — 3000	3e — 4500	3e — 2600
(1re cl. 6000	4e — 2700	4e — 4000	4e — 2100
Sous-chefs { 2e — 5500	5e — 2400	5e — 3500	5e — 1800
(3e — 5000	6e — 2100	6e — 3000	
Rédacteurs { 1re cl. 4800	7e — 1800	Stagiaires . . . 2400	
principaux { 2e — 4100			
(3e — 4000			

Le maximum de traitement des expéditionnaires est de 3,900 fr. pour la généralité et de 10,000 fr. pour le 1/10ᵉ d'entre eux environ ; celui des jardiniers principaux est de 6,000 fr. ; enfin celui des piqueurs est de 3,900 fr.

Nous avons fait ressortir la *supériorité* des piqueurs sur les deux autres catégories d'agents susvisés, relativement aux concours et aux attributions ; nous montrons ci-dessus leur *infériorité* vis-à-vis des traitements.

Si l'on nous fait objecter que les expéditionnaires atteignent difficilement des appointements supérieurs à 3,900 fr. et que l'accession de 4,000 à 10,000 fr. n'intéresse qu'une faible partie de leur effectif, nous répondrons, d'après les relevés que nous avons dressés, et dont l'exactitude peut être facilement contrôlée, qu'en majeure partie les expéditionnaires de 1ʳᵉ classe (60 agents) comptent seulement de 7 à 11 ans de service ; ceux de la classe exceptionnelle (40 agents) comptent de 17 à 21 ans de service. Dans ces conditions un grand nombre des leurs ont dû franchir les échelons supérieurs de 4,000 à 10,000 fr., inaccessibles aux piqueurs. Actuellement 83 expéditionnaires sont répartis dans ces échelons, savoir :

13 Chefs de bureau comptant de 11 à 30 ans de service ;
18 Sous-chefs   —   12 à 30   —
52 Rédacteurs principaux —   8 à 28   —

Total : 83

Ce débouché a donc servi, d'une façon très efficace, *à l'avancement* de tous *les expéditionnaires*.

La situation des années de service des piqueurs dans les classes envisagées ci-dessus nous en donne une nouvelle preuve :

Les piqueurs de la classe exceptionnelle comptent de 16 à 30 ans de service ;

Les piqueurs de 1ʳᵉ classe comptent de 11 à 25 ans de service.

Comparez ! !

En ce qui concerne les jardiniers principaux, l'annuaire nous apprend que le plus ancien a été nommé en 1889.

L'Administration reconnut, à cette date, que les chefs d'ateliers des promenades méritaient d'entrer dans le cadre des fonctionnaires, et, méprisant l'opinion qui avait prévalu en 1872 et qui fut définitivement adoptée en 1884, au sujet du recrutement des agents (abrogation de l'arrêté autorisant la nomination au grade de conducteur des piqueurs comptant quinze années de service), elle créa pour les jardiniers dont il s'agit, qui n'avaient eu à subir aucune épreuve, une situation supérieure à celle faite aux piqueurs. On commença, tout d'abord, à leur servir des traitements plus élevés, puis ensuite, comme conséquence, on les plaça dans le cadre avant les piqueurs.

En un mot, des débouchés furent maintenus pour les expéditionnaires, créés pour les jardiniers et supprimés pour les piqueurs.

Nous sommes incontestablement délaissés par l'Administration; nous parviendrons, sans doute, à en découvrir le motif.

Par une délibération du 17 juin dernier, le Conseil municipal vient de porter à 6,000 fr. le traitement maximum des jardiniers principaux. Si l'on s'en réfère aux mémoires produits sur l'amélioration du personnel, on constate que l'on se préoccupe toujours *plus spécialement* des expéditionnaires et des jardiniers principaux.

Pour justifier la nouvelle augmentation du traitement des jardiniers principaux on tient le raisonnement suivant : « Ce sont des « agents qui remplissent les mêmes fonctions que les conducteurs « employés au service des promenades et il est assez juste de les « assimiler à ces derniers. »

Mais ne comptons-nous pas parmi nous des piqueurs qui remplissent également des fonctions de conducteurs? Beaucoup d'autres ne sont-ils pas susceptibles de tenir les mêmes emplois? Cela existe, cela est reconnu, cependant on n'a jamais songé à améliorer, pour cette raison, la situation des piqueurs.

Il est au moins extraordinaire que les jardiniers principaux qui, pour la plupart, n'ont subi aucun examen, soient reconnus, *a priori*, aussi capables que les conducteurs. Il est vrai que lorsqu'ils seront gênés dans leurs opérations ils trouveront toujours des piqueurs pour les tirer d'embarras puisqu'on aura le soin d'en mettre quelques-uns à leur disposition.

Nous ne répondrons pas à ces actes par des imprécations ; nous laisserons, encore une fois, aux administrateurs consciencieux le soin de les juger.

———

Les moyennes annuelles d'avancement ont fait l'objet de notre part d'une étude toute spéciale. A l'aide d'un dépouillement méthodique et minutieux, que nous pourrons mettre sous les yeux des intéressés mais que nous ne reproduisons pas ici afin d'éviter des complications inutiles, nous avons déterminé la *moyenne annuelle du montant des augmentations de traitements*, obtenue par chacune des catégories des employés de la Préfecture de la Seine. Le résultat de ce travail a été reproduit graphiquement dans le rapport de la Commission du personnel (Société des Piqueurs). Nous allons en détacher les éléments principaux pour ce qui concerne les piqueurs et les expéditionnaires.

DÉSIGNATION des Agents	NOMBRE d'Agents considérés (A)	AUGMENTATIONS OBTENUES pour chaque année de service entre la date de la nomination et celle du dernier avancement			OBSERVATIONS
		MAXIMA	MINIMA	MOYENNES annuelles dans chaque classe (B)	
EXPÉDITIONNAIRES					**(A)** Ne comprenant pas les expéditionnaires nommés après le 30 juin 1896, date à laquelle eut lieu l'examen de liquidation qui entraîna la création de la 7e classe où furent placés *à des taux différents, variant de 1,800 à 3,000 fr.*, d'anciens auxiliaires.
Chefs de bureau	13	445 »	167 »	289 »	
S.-chefs —	18	340 »	114 »	183 »	
Rédact^{rs} pp^{aux}..	52	238 »	90 »	128 »	
Ordinaires.....	239	214 »	84 »	127 »	Non compris, non plus, les piqueurs comptant des interruptions de services et qui ont été réintégrés à des taux différents par suite des relèvements de traitements survenus pendant leur absence.
PIQUEURS					
Classe except^{lle}	57	125 »	76 »	93 »	**(B)** Calculées en divisant la somme des produits des augmentations partielles obtenues par les agents de chaque classe par le nombre d'agents correspondant.
1re classe......	110	143 »	78 »	100 »	
2e —	122	167 »	55 »	106 »	
3e —	156	200 »	100 »	126 »	

La conclusion qui se dégage du tableau ci-dessus peut se passer de commentaires ; *les piqueurs sont encore, dans l'espèce, les moins bien partagés*.

DE LEUR TITRE

Cette question a été bien des fois agitée parmi nous sans que nous ayons pu trouver une solution satisfaisante. Bien qu'elle ne renferme qu'un intérêt secondaire, on s'est plu à reconnaître que la dénomination de « piqueur » était impropre et qu'elle pouvait nuire à la considération de notre emploi.

Une pareille appellation, en effet, ne répond aucunement à nos attributions, et il faut remonter à plus d'un siècle dans le passé pour retrouver l'agent dont la fonction principale a justifié ce titre. S'il fut donné à celui qui était chargé spécialement de piquer les feuilles de journées où l'on constatait, sur les chantiers, la présence des ouvriers il y a longtemps que les piqueurs auraient dû le céder aux cantonniers chefs et aux surveillants qui sont chargés de cette besogne dans les ateliers municipaux.

Ainsi que l'a rappelé un de nos camarades (1), voici comment étaient recrutés les piqueurs au commencement du siècle dernier.

Une circulaire du directeur général aux ingénieurs en chef, du 19 décembre 1806, prescrivait ce qui suit :

« 5° Les piqueurs seront pris dans la classe des ouvriers les plus actifs et les plus intelligents, lorsqu'il n'y aura pas d'ouvriers conducteurs réformés, lesquels doivent être employés de préférence, conformément à l'article 57 du décret du 7 fructidor an IX. »

Le piqueur de l'an IX, c'est le cantonnier chef d'aujourd'hui; mais si nous avons, depuis longtemps, laissé ses attributions à d'autres, nous avons conservé son nom.

Certes, nous n'avons pas à rougir de notre origine, nous devons, au contraire, nous en prévaloir vis-à-vis des élus de Paris.

Descendants de prolétaires, les piqueurs viennent encore aujourd'hui des classes pauvres, et, comme tels, ils peuvent prétendre au concours de la démocratie.

L'infortune de nos ascendants est évidemment une des causes pour lesquelles nous ne brillons pas dans l'*Université*. Nos parchemins, comme on l'a vu plus haut, forment un piteux bagage à côté des titres obtenus par les expéditionnaires qui, eux, ne sortent pas précisément, pour la plupart, de la couche sociale d'où nous provenons (2).

Cependant, on s'accorde à reconnaître que les connaissances pratiques acquises dans les écoles supérieures de la Ville de Paris, où les nôtres en grand nombre ont fait leurs études, rendent les jeunes gens plus spécialement aptes aux travaux utiles et l'on s'explique pourquoi les élèves de ces écoles fournissent une quantité considérable de recrues à la catégorie des piqueurs ; ils trouvent là leur principal débouché.

---

(1) Voir *Journal des Piqueurs*, n° 10, du 31 décembre 1897. — Article Cadot.

(2) D'une manière générale on peut admettre que tous ceux qui peuvent laisser leurs enfants à l'étude jusqu'à l'obtention du baccalauréat et de la licence n'appartiennent pas au prolétariat, mais plutôt aux classes aisées.

Le Conseil municipal ne l'oubliera pas et il n'échappera pas non plus à sa sagacité, qu'en servant la cause des piqueurs il défendra en même temps les intérêts de ses pupilles, enfants du peuple de Paris.

Ceci dit, notre désir d'obtenir une dénomination marquant le progrès accompli, depuis cent ans, par notre corporation, ne pourra pas être taxé d'excès d'orgueil. Alors qu'au-dessus de nous les titres deviennent de plus en plus brillants, on ne trouvera certainement pas déplacé de nous voir demander, sans aucune présomption, un qualificatif plus exact.

Comme on ne peut faire choix d'une dénomination succincte qui indique clairement aux profanes la nature de nos fonctions (opérateurs, métreurs, dessinateurs, comptables, etc., etc.), on est conduit à chercher un titre qui l'explique en termes généraux.

Si les conducteurs parvenaient à se faire appeler « inspecteurs des travaux », nous accepterions volontiers le titre qu'ils abandonneraient car sa signification a plus de sens.

En attendant, on peut toujours en chercher un autre et présenter, à ce sujet, des propositions qui n'engagent aucunement les intéressés.

En voici une :

Beaucoup de fonctionnaires de l'Etat et d'Administrations publiques sont dénommés sous le titre de commissaire auquel s'ajoute un mot explicatif; on trouve des commissaires-voyers, commissaires de la marine, commissaires-priseurs, commissaires de police, commissaires de surveillance, commissaires du gouvernement, etc., etc.

« Commissaire » signifie : préposé, attaché, chargé.

En adoptant pour les piqueurs le titre de commissaire technique des travaux de Paris, on en déduirait la signification suivante : « agent attaché aux études et à la solution des questions se rapportant aux sciences appliquées dans les travaux de Paris ».

Evidemment ce nouveau titre n'apprendrait rien aux ignorants volontaires, mais il ne mentirait pas comme l'autre.

Si l'on recule à nous donner un titre trop pompeux, après nous en avoir fait porter un par trop modeste, qu'on cherche encore; espérons toutefois que notre parrain ne se fera plus longtemps attendre.

Déclarons, cependant, que nous repousserons avec la dernière énergie le titre de « Commis » proposé déjà par un conseiller municipal dans la séance du 16 juillet dernier. Plus préoccupé, semble-t-il, du prestige de certains conducteurs que du nôtre, il préconise le relèvement du titre des premiers ; quant aux autres, il ne trouve pour eux qu'une désignation banale puisée au ministère des travaux publics et qui appartient déjà à la Ville aux anciens auxiliaires titularisés sans examen.

Le Conseil municipal, espérons-le, n'acceptera pas d'entrer dans la voie où l'on voudrait l'engager. Il n'a pas à copier ses décisions sur celles de l'État, surtout lorsque celles-ci ont pour résultat, et c'est le cas dans l'espèce, de distancer le plus possible dans la considération des gens deux catégories de fonctionnaires dont la valeur et les qualités vont cependant constamment en se rapprochant.

Nous comptons bien que le conseiller, auteur de la proposition, consentira à oublier, dans l'exercice de son mandat municipal, ses fonctions de président de la Société des Conducteurs des Ponts et Chaussées ; ou bien, s'il lui était impossible de séparer les deux personnalités, qu'il comprenne au moins — ce qu'il a maintes fois soutenu comme président d'un groupement de fonctionnaires — qu'il est en dehors des pratiques appliquées dans les associations de ce genre de disposer du personnel sans s'informer du désir des intéressés. Il y a lieu de remarquer, d'ailleurs, que de ces changements de titres ne dépendent nullement les intérêts de la Ville de Paris et que les questions qu'ils soulèvent concernent surtout nos mandataires.

DE LEURS DESIDERATA

Le rapport que notre Société amicale va soumettre à l'examen de l'Administration porte sur les points suivants :

1º Projet de relèvement des traitements des piqueurs jusqu'à 4,800 francs avec avancement annuel de 100 francs pour tous ces agents ;

2º Diminution de l'effectif actuel du cadre des piqueurs.

Nous n'avons pas à entreprendre ici une nouvelle discussion de ces questions qui ont suffisamment été traitées dans les dernières Assemblées générales. Nous allons seulement faire ressortir combien nos demandes sont modestes.

Ce qui différenciait, au point de vue des traitements, les ingénieurs

des conducteurs et les conducteurs des piqueurs, correspondait en
1879 aux écarts suivants ·

1879......	1° INGÉNIEURS	2° CONDUCTEURS	3° PIQUEURS
Traitements maxima ..	9.000	5.000	2.400
Différences...	4.000	2.600	
1904......	11.000	8.000	3 900
Différences........	3.000	4.100	

On en déduit que depuis vingt-cinq ans, l'augmentation des traitements des conducteurs n'a pas été proportionnelle à celle obtenue par MM. les Ingénieurs et que les traitements des premiers se sont rapprochés sensiblement de ceux des ingénieurs.

La différence qui était de 4,000 francs en 1879 n'est plus que de 3,000 francs en 1904. Si la proportion avait été respectée le maximum des traitements, pour les conducteurs, eût été de :

$$6{,}111 \text{ fr.} \left(\frac{5{,}000}{9{,}000} = \frac{x}{11{,}000} \right)$$

En outre, quelques conducteurs ont été promus inspecteurs et sous-inspecteurs, sans concours, et assimilés aux ingénieurs en ce qui concerne les traitements.

Si l'on compare les conducteurs avec le piqueurs, on trouve que les augmentations de traitements ont été proportionnelles, on a en effet : $\frac{2{,}400}{5{,}000} = \frac{x}{8{,}000}$, d'où $x = 3{,}840$ francs, soit 3,900 fr. en nombre rond.

On a donc reconnu que la valeur des conducteurs s'était particulièrement élevée depuis 1879 et on a tenu compte de ce progrès dans l'échelonnement des traitements; puis on a pensé que la proportion admise en 1879 entre les conducteurs et les piqueurs devait être conservée : la valeur de ces derniers n'aurait pas suivi la même marche ascendante.

Cette conception est fausse, nous allons le démontrer.

La substitution du concours à l'examen et la diminution des vacances à combler dans les cadres ont nécessairement relevé le niveau des connaissances des agents dont il s'agit ; mais cette constatation porte tout aussi bien sur les piqueurs que sur les conducteurs.

En reconnaissant que les additions faites au programme du concours de conducteurs ont eu pour conséquence de donner plus de relief aux derniers candidats reçus à ce grade, on est obligé d'admettre que les nouvelles études supplémentaires imposées de ce chef *aux piqueurs* jettent sur notre catégorie un reflet beaucoup plus appréciable.

Combien trouve-t-on de piqueurs aux concours de conducteur ? Le tableau suivant va nous le dire :

| ANNÉES | CANDIDATS (A) | | OBSERVATION |
	Nombre de Piqueurs présents aux épreuves.	Piqueurs reçus.	
Examen de 1884	79	41	
Concours de 1890	158	16	(A) Renseignements
— 1894	159	35	puisés à la Direction
— 1898	169	25	du Personnel.
— 1899	184	20	
— 1900	199	15	
— 1901	142	10	
— 1903	99	10	

On voit que par rapport aux appelés, depuis 1884, le nombre des élus atteint un total bien restreint. Cela se présente, il est vrai, à tous les concours ouverts par la Préfecture de la Seine ; toutefois on peut constater :

1° Que les candidats au grade de conducteur se recrutent exclusivement chez les piqueurs (1) et qu'il n'en est pas de même pour d'autres catégories, là les concurrents ne sont pas seulement pris parmi le personnel du rang immédiatement inférieur, les étrangers sont admis ;

2° Que parmi les candidats non reçus au concours de conducteur, un nombre considérable de piqueurs ont obtenu le *minimum de points obligatoire*, et que certains même ne se différenciaient, au point de vue des résultats, que par une quantité de points insignifiante.

(1) A l'exception des Commis des Ponts et Chaussées du département de la Seine qui sont autorisés à concourir ; mais ceux-ci s'abstiennent car on n'en voit jamais aux concours.

Nous en déduisons que notre catégorie contient un grand nombre d'agents aussi capables que les conducteurs, disons même, eu égard à la jeunesse des candidats reçus, plus expérimentés que certains de ceux-ci.

Nous ajouterons : l'entraînement que les difficultés du concours nous obligent à suivre est tout au bénéfice de l'Administration. Celle-ci parvient ainsi à posséder un personnel subalterne s'élevant au-dessus de la normale de ce qu'on serait en droit d'exiger de lui.

Reprenons nos calculs :

Nous avons dit qu'en observant dans l'écart des traitements la proportion existant, en 1879, entre les ingénieurs et les conducteurs, on obtiendrait pour le traitement maximum des conducteurs :

$$6{,}111 \text{ fr. } \left(\frac{5.000}{9.000} = \frac{x}{11.000} \right)$$

or ce maximum atteint aujourd'hui 8,000 francs.

La différence, 1,889 fr. (8,000 — 6,111), correspond à 38 0/0 de ce même maximum en 1879.

Dans des conditions semblables, le maximum du traitement des piqueurs se trouverait porté à 4,812 francs,

soit :
$$\left(\frac{3.900 + 2.400 \times 38}{100} \right).$$

Mais comme nous démontrons que la valeur des piqueurs est *au moins*, à celle des conducteurs, ce que cette dernière est à celle de MM. les Ingénieurs. on peut poser l'égalité suivante :

$$\frac{11.000}{8.000} = \frac{8.000}{x} \text{ d'où } x = 5.811 \text{ fr.}$$

En résumé, si l'accroissement des traitements des conducteurs vis-à-vis des ingénieurs doit cesser d'être proportionnel aux données de 1879, il serait juste qu'il on fût de même pour les piqueurs vis-à-vis des conducteurs. Nous pourrions donc solliciter légitimement un maximum de traitement de 5,800 francs. En ne demandant cette fois que 4,800 francs, après avoir tant souffert du mauvais fonctionnement de notre cadre, pourra-t-on soutenir que nous sommes trop ambitieux? Ne devons-nous pas, comme les autres fonctionnaires, bénéficier des lois du progrès?

Quoi qu'il en soit, nous apportons des arguments et des preuves; il sera bien difficile, croyons-nous, d'en amoindrir la portée.

CONCLUSION

Nous disions, au commencement de cette étude, que de quelque façon qu'on les compare dans l'Administration préfectorale, les piqueurs étaient injustement les moins bien partagés. Nous avons démontré l'exactitude de cette affirmation avec des preuves indiscutables. Qu'il s'agisse, en effet, de recrutement, de traitements, d'avancements ou de considération, ces agents sont traités partout avec rigueur ou parcimonie lorsqu'on ne les oublie pas complètement.

Cette infériorité d'estime avec laquelle la Ville de Paris considère ses piqueurs nous autoriserait presque à dire, avec le conseiller municipal Mossot, que l'Administration fut presque toujours pour eux une marâtre et non une patronne bienveillante et juste.

Aussi osée que soit cette déclaration, il n'en est pas moins avéré que les préférences administratives ne se sont jamais arrêtées sur nous ; bien au contraire, on a vu, tour à tour, *créer ou maintenir* des usages favorables aux avancements du personnel, mais ceux qui étaient susceptibles de créer un débouché aux piqueurs *furent irré-médiablement supprimés*. On s'est inquiété de l'avenir de plus grands ou de plus petits que nous, on a poussé les uns et les autres vers le mieux-être ; quant à nous, nous sommes restés dans l'expectative. Et lorsque, chose rare, des crédits furent accordés aux piqueurs, ils étaient accompagnés de prescriptions telles que leur situation générale, un moment soulagée, se trouvait, peu après, dans un embarras plus inextricable encore.

Cette situation véritablement spéciale est le fruit de notre inertie ou plutôt de celle de nos anciens vis-à-vis de l'Administration et des pouvoirs publics ; mais l'heure n'est pas aux récriminations intestines. Au surplus, si nous voulons porter nos regards vers le passé, est-ce bien à nos anciens que nous devons nous en prendre ? N'est-ce pas surtout au *libéralisme étroit* qui régnait encore il y a une quinzaine d'années ?

Aurait-on permis à cette époque l'organisation de groupements comme le nôtre ? Auraient-ils pu se former et se développer ? Certes non, leurs promoteurs eussent été révoqués sans recours.

Cette liberté d'action qui nous permet d'élever la voix et de faire entendre nos plaintes, c'est incontestablement au *régime républicain* que nous la devons.

Nous ne nous étendrons pas à ce sujet dans un dithyrambe facile, mais il est bon que cette constatation soit faite. Elle nous montre que s'il n'appartient pas aux hommes d'arrêter le progrès dans sa marche, ceux-ci peuvent, cependant, en retarder ou en faciliter l'évolution.

Nous nous souviendrons aussi que les moyens extrêmes sont les pires ennemis de l'ordre et que sans l'ordre il n'est pas de vraie liberté.

Nous entendons donc exercer avec toute la mesure que les convenances nous imposent, mais aussi avec fermeté, le droit que cette liberté-là nous donne et jusqu'à ce que nous ayons fait aboutir le programme que vous nous avez confié, nous ne cesserons de le défendre, camarades, soyez-en convaincus, avec toute l'autorité qui se dégage des arguments qui précèdent et de l'unanimité de vos suffrages.

Pour la Commission du Personnel :

Le Président,
DELACOUR.

Le Secrétaire,
E. FUHRER.

Vu : *Le Président de la Société,*
V. TURMEL.

Paris. Imp. A. Eyméoud, 2, place du Caire. — 23001